Philippe Matter

Mini-Loup fait des cauchemars

hachette
JEUNESSE

Mini-Loup et sa bande

Mini-Loup

Le plus attachant
des petits loups.

Un peu gaffeur mais toujours prêt pour de nouvelles aventure

Moussa

Voici le plus fidèle
des éléphants, Moussa.

Plein d'astuce et courageux, c'est un des meilleurs copains de Mini-Loup.

Anicet

Un petit cochon,
ami de Mini-Loup.

S'ils se disputent souvent,
ils ne restent pas fâchés
très longtemps.

Mini-Pic

Un petit hérisson qui
complète la bande d'amis.

Toujours là pour jouer au foot,
aux billes ou construire une
cabane...

Louna

l'amoureuse
de Mini-Loup...

Qu'est-ce qu'elle est jolie et sympa...
Pour Mini-Loup, c'est sûr,
Louna et lui se marieront plus tard
et auront des tas d'enfants...

À Eric Munch

Avec la collaboration de Philippe Munch

Hachette Livre, 43, quai de Grenelle, 75015 Paris.

1

Aujourd'hui, c'est mercredi et de tous les jours de la semaine, c'est le mercredi que Mini-Loup préfère. Il n'y a pas d'école, pas de devoirs, on peut enfin s'occuper de choses sérieuses avec les copains.

Anicet a eu la bonne idée d'organiser une grande bataille et tout le monde est d'accord.

« Super, moi je veux être le shérif! s'écrie Mini-Pic qui a apporté sa panoplie de cow-boy.

— Mais, ça se peut pas, fait remarquer Moussa. Il n'y a jamais eu de cow-boys au temps des Romains ! Et puis moi, j'ai vraiment envie d'être un grand guerrier gaulois qui se bat contre les Romains.

— C'est n'importe quoi, réplique Muche. Ça va encore être un truc où les filles sont là juste pour faire joli et pour consoler les héros…

— En tout cas, si vous continuez à discuter comme ça, on n'aura jamais le temps de jouer ! déclare Gus qui s'impatiente.

— Il a raison, ajoute Mini-Loup. Le plus simple, ce serait de faire comme dans le livre de science-fiction que je lis en ce moment : on dirait que ça se passe dans un autre monde et, comme ça, chacun pourra être le personnage qu'il veut !

— C'est pas bête ! s'exclame Anicet. Alors moi, je veux être l'empereur de l'univers et vous, vous seriez les extraterrestres de la planète Zorgl. Vous attaqueriez mon palais avec vos rayons laser mais, à la fin, mon armée vous écrabouillerait quand même grâce à mes super-pouvoirs.

— Ouais, pas mal, répond Mini-Loup. Sauf que je ne vois pas pourquoi c'est toi qui gagnerais.

— C'est moi qui gagnerais parce que je suis l'empereur et que c'est moi qui ai eu l'idée de la bataille !

— Ça, c'est ce qu'on va voir ! Maxi-Loup ne se rend pas si facilement...

— Vous avez entendu, les gars ? Ce coyote cosmique me menace. À l'attaque ! »

La bataille dure tout l'après-midi. Au début, les extraterrestres menés par Maxi-Loup, Maxi-Pic et Ng'Vador semblent prendre le dessus. Mais la contre-attaque des gardes du palais est terrible !

Maxi-Pic s'écroule le premier, touché par un tir de désintégrateur de Super-Muche. Puis, c'est le tour de Ng'Vador. Resté seul, Maxi-Loup résiste autant qu'il peut.

« J'ai encore suffisamment de munitions pour me défendre, déclare le fier Maxi-Loup. Je n'ai pas peur de vous, maudites créatures de l'espace !

— Tu rigoles, répond Anicet. On voit bien que tu es mort de peur.

— C'est pas vrai ! D'ailleurs ce n'est sûrement pas un goret comme ta majesté qui me fera trembler... Maxi-Loup ignore la peur !

— Maxi-Loup, peut-être, mais Mini-Loup ferait mieux de ne pas trop frimer, réplique Anicet.

— Moi, en tout cas, je ne hurle pas à la vue de la moindre petite araignée. Pff, tu fais un drôle d'empereur de l'univers... » siffle Mini-Loup entre ses dents.

Voyant que le jeu tourne à la dispute, Mini-Pic s'approche de ses deux amis pour les séparer.

« Hé, les gars, la bataille est finie. Vous n'allez pas vous bagarrer pour de bon, quand même ?

— Si ça ne te plaît pas, tu n'as qu'à aller voir ailleurs, réplique Mini-Loup.

— Parfaitement! Et puis on se battra si on veut, dit à son tour Anicet.

— Ce n'est pas un poltron comme toi qui pourra nous en empêcher ! continue Mini-Loup de plus en plus énervé.

— Tu me traites de poltron, moi ? demande Mini-Pic vexé. La seule chose qui m'effraie c'est ta bêtise, Minus-Loup...

— Minus-Loup ! C'est vrai que ça lui va bien comme surnom, ricane Anicet.

— Oh, et puis zut! Si vous vous y mettez tous les deux maintenant, je préfère m'en aller..., dit Mini-Loup en leur tournant le dos.

— C'est ça, retourne à la maison, Minus-Loup, lance Mini-Pic moqueur... Et fais bien attention en traversant la forêt, tu pourrais faire de mauvaises rencontres ! »

2

Mini-Loup a l'habitude de se chamailler avec ses amis mais, cette fois, il est vraiment très fâché.

On peut certainement lui reprocher un tas de choses mais il refuse qu'on le traite de froussard.

À part les colères de Papa-Loup les jours où il doit faire signer son bulletin, Mini-Loup sait qu'il n'a jamais peur de rien.

Jamais!

Perdu dans ses pensées, il ne remarque pas que le soleil est presque couché. À présent, il a bien du mal à voir devant lui. Il ne serait pas trop rassuré s'il n'était pas aussi courageux. Mais il préfère quand même se dépêcher...

Le plus inquiétant, ce sont tous ces bruits mystérieux qui résonnent dans la forêt dès que la nuit tombe.

Mini-Loup sursaute plusieurs fois en entendant des craquements bizarres et des sons étouffés.

« Du calme, se dit-il. Maxi-Loup n'est pas du genre à se laisser impressionner. »

Mais il ne peut empêcher son cœur de battre plus fort. Il a l'impression de sentir des présences et manque de tomber à la renverse quand un lapin jaillit brusquement d'un fourré.

Heureusement que ses amis ne sont pas là pour le voir car Mini-Loup n'est vraiment pas rassuré !

N'y tenant plus, il finit par prendre ses jambes à son cou et détale aussi vite qu'il peut.

À bout de souffle et tout tremblant, Mini-Loup franchit enfin la lisière de la forêt !

Il ne peut s'empêcher de pousser un immense soupir de soulagement en voyant, au loin, les fenêtres éclairées de sa maison. Encore quelques pas et il sera chez lui, en sécurité, près de ses parents.

« Te voilà enfin, s'exclame Papa-Loup en entendant son fils rentrer. J'ai failli m'inquiéter...

— Mais que veux-tu qu'il m'arrive ? répond Mini-Loup en refermant la porte. Je suis assez grand pour me défendre.

— Je le sais bien, mais je n'aime pas te savoir dehors lorsqu'il fait nuit...

— Un petit loup comme moi ne craint jamais rien ! » fanfaronne Mini-Loup.

Il est interrompu par sa maman qui lui dit :

« Va te laver les mains, mon chéri, le dîner est prêt ! »

En effet, il est déjà bien tard et Mini-Loup réalise brusquement qu'il a une faim... de loup !

Sitôt le repas terminé, Mini-Loup se précipite dans sa chambre. Il lui tarde de découvrir la suite de son livre favori : *Les ptérodactyles du futur*, une aventure fantastique, pleine de monstres et de sorciers. Il adore ce genre d'histoires. Surtout les passages qui font un peu frissonner !

Ses parents pensent qu'il n'est pas encore assez grand pour ce genre de lectures mais lui n'est pas de cet avis.

Peut-être que Mini-Pic et Anicet auraient peur en lisant ça… Mais certainement pas lui !

Lorsque Maman-Loup vient lui demander d'éteindre la lumière, il en est au moment où les ptérodactyles mutants du comte Mordecaï Garzoulski sont sur le point de rattraper le héros.

C'est à regret qu'il doit refermer son livre.

3

Mini-Loup aimerait bien dormir, mais il est beaucoup trop énervé pour cela. Pas moyen de fermer l'œil. D'inquiétantes images de l'horrible comte Mordecaï Garzoulski tournent sans cesse dans sa tête.

Maintenant que ses amis ne sont plus là, il peut bien se l'avouer : il lui arrive quand même d'avoir peur quelquefois. Et ce soir, justement, il est un peu inquiet. Les ptérodactyles mutants pourraient bien profiter de l'obscurité pour lui rendre visite...

N'y tenant plus, Mini-Loup rallume sa lampe de chevet pour vérifier qu'il est bien seul dans sa chambre. Presque rassuré après avoir regardé dans les moindres recoins, il se recouche et ferme enfin les yeux.

Mini-Loup dort à présent mais son sommeil est agité. Il rêve qu'il est le héros de son livre, seul face aux hommes du terrible comte Mordecaï Garzoulski.

Armé de son démolécu-leur à bosons, Maxi-Loup terrasse trois armées de robots des étoiles, dévaste la planète Epsilon431 et se précipite au secours de la princesse Louna, retenue prisonnière de la forteresse de Morzileuil.

Arrivé devant la cellule de son aimée, il défonce la lourde porte d'un seul coup de pied et libère sans attendre Louna de ses chaînes. Reconnaissante, la princesse se jette dans les bras de son sauveur...

Sur le visage du petit loup endormi se dessine un grand sourire de triomphe.

Ça, c'est un rêve comme il les aime. Si Anicet et Mini-Pic pouvaient voir les exploits de Maxi-Loup, ils en seraient verts de jalousie !

Le seul problème avec les rêves, c'est qu'on ne fait pas toujours ce que l'on veut. Et la suite de l'aventure tourne plutôt mal.

Tenant la jolie princesse Louna par la main, Maxi-Loup tente de s'enfuir mais

ses ennemis l'attendent avec des renforts. La forteresse est encerclée par les armées du fameux comte Mordecaï Garzoulski. Il y a des milliers de soldats, tous lourdement armés. Certains sont même montés sur des dragons.

Repoussés au sommet d'une tour, Louna et Maxi-Loup tentent encore de résister quand soudain apparaissent dans le ciel les terribles ptérodactyles mutants.

« Ne craignez rien, noble princesse, déclare Maxi-Loup, je possède une arme qui les fera fuir : un démoléculeur à bosons ! »

Portant la main à sa ceinture, il pâlit brusquement et dit dans un souffle :

« Mon arme, j'ai perdu mon arme !... »

Impuissant et cerné de tous les côtés, Maxi-Loup a juste le temps de dire adieu à la princesse Louna avant de voir les ptérodactyles fondre sur lui.

Il ne peut se retenir de pousser un cri de terreur... et se réveille.

« Tu as appelé, mon chéri ? » demande Maman-Loup qui s'est précipitée dans la chambre de son fils.

Mini-Loup s'est tellement agité dans son sommeil qu'il est tombé de son lit. Tout tremblant, il ne sait pas s'il est réveillé ou s'il rêve encore.

Blotti dans les bras de sa maman, il fond en larmes :

« J'ai... j'ai fait un horrible cauchemar !

— C'est fini, je suis là, tu ne risques plus rien », dit Maman-Loup en le soulevant doucement pour le remettre dans son lit. Puis, elle lui caresse la tête en chantonnant une berceuse.

Mini-Loup se calme bientôt et finit par s'endormir paisiblement.

4

Le lendemain matin, une surprise attend Maman-Loup lorsqu'elle entre dans la chambre de son fils : Mini-Loup a entouré son lit d'un vrai rempart fait de bric et de broc. Sous son oreiller, il a glissé toutes ses armes : des pistolets à eau, un fusil à bouchon et même l'arc que le papa de Moussa lui a fabriqué.

Il dort si profondément que Maman-Loup a toutes les peines du monde à le tirer de son sommeil.

Quand il ouvre enfin les yeux, Mini-Loup explique qu'il s'est encore réveillé au cours de la nuit.

«J'ai cru qu'un ptérodactyle s'était caché en haut de l'armoire. Alors je me suis barricadé et j'ai pris de quoi me défendre.

— Tu as eu raison, répond Maman-Loup en souriant, mais à présent il faut que tu te dépêches sinon tu vas encore arriver en retard à l'école. Fais ta toilette et habille-toi vite, Papa-Loup t'attend en bas pour le petit déjeuner. »

Mini-Loup a eu bien du mal à se lever. Avec toutes les émotions de la nuit passée, il a l'impression de n'avoir pas dormi du tout. D'ailleurs Papa-Loup le regarde d'un drôle d'air lorsqu'il arrive à la cuisine.

« Eh bien, tu n'as pas bonne mine, mon garçon, s'exclame-t-il en lui faisant la bise. Ta maman m'a dit que tu avais passé une très mauvaise nuit. Tu as encore fait un cauchemar ?

— Oui, répond Mini-Loup d'une toute petite voix. J'étais attaqué par un tas de monstres. Au début, c'était plutôt chouette puis c'est devenu beaucoup moins rigolo. Surtout quand les ptérodactyles sont arrivés... »

Entre deux gorgées de chocolat, Mini-Loup essaie de raconter son rêve. Papa-Loup l'écoute avec attention et finit par demander :

« Je suppose que dans ton roman le héros arrive toujours à s'en tirer. Comment s'y prend-il ?

— Oh, pour lui c'est facile. Il a une arme spéciale, un démoléculeur à bosons. Ça fait fuir les ptérodactyles... Mais moi, je n'en avais pas !

— Un démoléculeur à bosons ! Et il ressemble à quoi, cet engin ? interroge Papa-Loup.

— C'est une sorte de fusil drôlement compliqué, avec un viseur et plein de tuyaux partout.

— Tu pourrais m'en faire un petit dessin, juste pour que je me fasse une idée ? »

Mini-Loup prend un stylo et une feuille de papier. Puis il entreprend de dessiner l'arme qui a tant manqué à Maxi-Loup. Quand il a fini, il tend son croquis à Papa-Loup qui examine le résultat.

«Je dois admettre que c'est assez impressionnant, déclare-t-il. Je comprends que cela fasse peur aux ptérodactyles ! »

Puis il ajoute en regardant sa montre :

« Oh, mais avec tout ça on a oublié l'heure. Il est temps d'y aller, mon grand ! »

Mini-Loup embrasse ses parents et sort de la maison en courant.

Restés sur le pas de la porte, ses parents le suivent longtemps du regard.

« Tous ces cauchemars commencent à m'inquiéter un peu, soupire Maman-Loup. Ça arrive de plus en plus souvent !

— Tu as raison, répond Papa-Loup, il faut faire quelque chose... Mais je crois bien qu'avec l'aide de Papi-Loup, on va pouvoir arranger ça. Tu verras, ajoute-t-il en faisant un clin d'œil à Maman-Loup, les ptérodactyles n'ont qu'à bien se tenir ! »

5

Quand Mini-Loup arrive enfin à l'école, la cloche a déjà sonné et ses camarades sont en train de rentrer en classe.

« Tu en fais une drôle de tête ce matin. Tu es malade ? demande Moussa.

— Non, non, ça va, répond Mini-Loup, c'est juste que j'ai très mal dormi cette nuit.

— Oh, ça m'arrive aussi de temps en temps, dit le jeune éléphant en s'asseyant. Surtout quand je fais un mauvais rêve. Tu as fait des cauchemars ? »

Mini-Loup est plutôt embêté. Il aimerait bien tout raconter à ses copains mais il a trop peur qu'on se moque de lui.

« Tu rigoles ! Pourquoi je ferais des cauchemars ? Tu sais bien que je n'ai jamais peur de rien...

— Ne t'énerve pas, je disais ça comme ça. Moi, il y a des tas de trucs qui me fichent la frousse. Même que mon papa m'a expliqué que le vrai courage ce n'est pas d'ignorer la peur mais de savoir la combattre. »

Mini-Loup n'est pas sûr d'avoir vraiment compris les paroles de Moussa mais il sent que son ami a raison. Seulement, comment s'y prendre pour ne plus avoir peur quand sa chambre est dans le noir ? Comment chasser les ptérodactyles ?

Les deux amis doivent interrompre leur discussion car Mademoiselle Biglu frappe dans ses mains pour annoncer le début du cours.

Mini-Loup est tellement épuisé par sa nuit que la journée lui semble sans fin. Il manque de s'endormir pendant la leçon de français et n'a même pas la force de jouer avec ses amis à la récréation.

« Tu ne viens pas avec nous ? lui demande Mini-Pic.

— Non merci, je ne me sens pas très bien...

— Tu es encore fâché pour hier ?

— Mais non, pas du tout, répond Mini-Loup en haussant les épaules. C'est juste que je suis fatigué.

— Laisse tomber, Mini-Pic, déclare Anicet qui s'est approché. On n'a pas besoin de Minus-Loup pour s'amuser… »

Minus-Loup... Anicet a encore utilisé ce surnom ridicule ! Rien ne pouvait lui faire plus de peine.

Pour une fois qu'il a vraiment besoin de ses deux meilleurs amis, il ne peut même pas compter sur leur soutien.

Le reste de la récréation ne se passe pas vraiment mieux. Ni Moussa, ni Doudou, ni même Louna ne parviennent à entraîner Mini-Loup dans leurs jeux.

En classe c'est encore pire. Il n'arrive pas à se concentrer sur son travail. La journée lui semble interminable : il a l'impression que les minutes durent des heures.

Mini-Loup voit arriver la fin des cours avec encore plus de soulagement que d'habitude.

Quand la cloche de l'école sonne, il a déjà rangé toutes ses affaires et part sur le chemin de la maison sans attendre.

À présent, Mini-Loup n'a plus qu'une seule idée en tête : dormir !

6

Lorsque Mini-Loup arrive enfin chez lui, une bonne surprise l'attend : Papi-Loup est là, dans le salon avec Papa-Loup !

Mini-Loup est tellement content qu'il en oublie toute sa fatigue.

« Eh, eh, te voilà enfin ! s'exclame son grand-père en le voyant arriver. Nous t'attendions.

— Pourquoi ? demande Mini-Loup, soudain méfiant. Qu'est-ce que j'ai fait ?

— Toi, rien du tout ! Mais moi, par contre, j'ai fait quelque chose... quelque chose pour toi ! Regarde, dit malicieusement Papi-Loup en lui tendant un gros paquet.

— C'est... c'est pour moi ? interroge encore Mini-Loup. Qu'est-ce que c'est ?

— Arrête de poser des questions et ouvre plutôt ce carton. Tu verras par toi-même... » répond Papa-Loup avec un sourire mystérieux sur les lèvres.

Il ne faut pas plus d'une seconde à Mini-Loup pour dénouer la ficelle et ouvrir le mystérieux paquet. Ce qu'il découvre alors lui coupe le souffle.

« C'est pas possible, on dirait un... un...

— Un démoléculeur à bosons, bien sûr ! achève Papi-Loup, plutôt fier de lui. Ça n'a pas vraiment été facile à fabriquer. Mais, grâce au plan que ton papa m'a donné, je pense être arrivé à un résultat à peu près correct.

— Un résultat correct? Mais c'est bien mieux que ça papi! s'exclame Mini-Loup qui n'en revient pas. Il est encore plus beau que dans mes rêves. Tu es le meilleur grand-père du monde, ajoute-t-il en se jetant au cou de Papi-Loup.

— Holà, mon gaillard, ne me serre pas si fort, tu vas finir par m'étouffer. Et puis tu peux aussi remercier ton papa. Après tout, c'est lui qui a eu l'idée.

— J'ai pensé qu'avec ça dans ta chambre, tu n'aurais plus aucune raison de craindre les ptérodactyles du comte Garzoulski, parvient à dire Papa-Loup entre deux bisous de son fils. Je crois que tu vas pouvoir dire adieu à tes cauchemars ! »

Mini-Loup est encore en train de bondir dans tous les sens, son démoléculeur à la main, quand la sonnette retentit.

« Qui cela peut-il être ? demande Maman-Loup. Tu attends des amis ?

— Ben non, surtout que depuis hier on se fait un peu la tête, répond Mini-Loup.

— ...Dans ce cas, je pense que le moment de faire la paix est arrivé, dit-elle en ouvrant la porte. Regarde qui est là ! »

Mini-Loup n'en revient pas : c'est justement Anicet et Mini-Pic qui sont là, dans l'entrée, l'air plutôt gênés.

« Euh, salut, commence Mini-Pic. On passait juste pour voir si tu allais un peu mieux depuis tout à l'heure...

— ...Et on voulait aussi s'excuser, ajoute Anicet en se tortillant, parce que tu n'es pas un froussard et que... que tu es notre meilleur ami. »

Mini-Loup en a presque les larmes aux yeux. Il est si content que ses amis aient oublié leur dispute de la veille qu'il ne sait trop quoi dire. Heureusement, Mini-Pic rompt le silence :

« Dis donc, c'est quoi ce que tu as dans la main ? Ça a l'air vraiment génial cet engin !

— C'est un démoléculeur à bosons, répond Mini-Loup. Venez, il faut que je vous raconte. »

Mini-Loup s'est enfermé dans sa chambre avec ses deux amis. Il a décidé de tout leur dire : le comte Garzoulski, les ptérodactyles, le cauchemar…

« Tu vois, Anicet, tu avais raison, conclut-il. Parfois je me vante un peu parce que j'ai peur qu'on se moque de moi. Mais, au fond, je suis un froussard. Toi, par exemple, je suis sûr que tu ne fais jamais de cauchemars.

— Euh… ça m'arrive aussi de temps en temps, avoue Anicet. Tu sais, j'ai toujours peur des araignées. Même que maman a fini par m'acheter un caméléon en peluche pour me rassurer quand j'ai du mal à trouver le sommeil.

— Un caméléon ? s'étonne Mini-Loup.

— Ben oui, c'est super ces bestioles-là, ça mange même les araignées…

—Dis donc, c'est malin ton idée. Je n'y aurais jamais pensé. En fin de compte, il n'y a que Mini-Pic qui n'a besoin de rien pour se défendre.

—Tu te trompes, Mini-Loup, répond son ami. Moi j'ai peur des ogres ! Je sais qu'ils n'existent pas mais j'en ai quand même peur.

Enfin, ça va beaucoup mieux depuis qu'on a inventé le placard à ogres ! Chaque fois que je pense à eux, je les dessine. Puis, je donne les dessins à mon papa qui les enferme à clef dans le placard. Les ogres sont prisonniers et moi je n'ai plus aucune raison d'avoir peur !

— Mais alors, on est tous pareils ! constate Mini-Loup. On a tous peur de quelque chose et on essaie d'apprendre à se défendre. Moussa avait raison de me dire que c'était ça le vrai courage... »

Un peu plus tard, alors que ses amis sont partis et que le dîner est fini, Mini-Loup regagne rapidement sa chambre. Il ne songe même pas à jouer avec sa petite sœur. Il est bien trop fatigué pour cela.

En vérité, il lui tarde de retrouver le monde de ses rêves car, à présent, ce sont les ptérodactyles qui vont avoir du mal à dormir !

...ES AS-TU TOUS LUS ?

ini-Loup et
petite sœur

Mini-Loup fait
des cauchemars

Mini-Loup fait
du cinéma

Mini-Loup veut
devenir grand

Mini-Loup et
les petits loups
filous

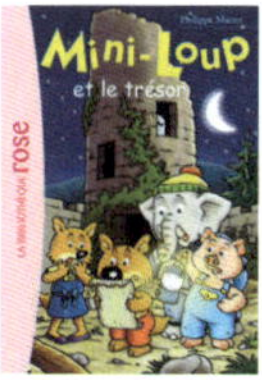

Mini-Loup
et le trésor

ini-Loup
ore l'hiver !

Mini-Loup
et les filles

Mini-Loup
adore l'été !

Mini-Loup
fait la fête !

Mini-Loup
en Afrique

Mini-Loup
premier de la
classe

ini-Loup
de la glisse

Mini-Loup
et son amoureuse

Mini-Loup
et le fantôme

Mini-Loup
va jouer dehors

Mini-Loup
au tableau !

Mini-Loup
mène l'enquête

hachette s'engage pour l'environnement en réduisant l'empreinte carbone de ses livres. Celle de cet exemplaire est de :
350 g éq. CO_2
Rendez-vous sur
www.hachette-durable.fr

PAPIER À BASE DE FIBRES CERTIFIÉES

Photogravure Nord Compo - Villeneuve d'Ascq

Imprimé en Espagne par CAYFOSA
Dépôt légal : mars 2002
Achevé d'imprimer : octobre 2014
20.0744.1/13 – ISBN 978-2-01-200744-4
Loi n° 49956 du 16 juillet 1949
sur les publications destinées à la jeunesse